Kerstin Werner

Freiheit, ich komme!

www.kerstin-werner.de

Bibliografische Information der Deutschen Nationalbibliothek:
Die Deutsche Nationalbibliothek verzeichnet diese Publikation in der Deutschen Nationalbibliografie; detaillierte Daten sind im Internet über http://dnb.dnb.de abrufbar.

Lektorat: Elsa Rieger
www.elsarieger.at

Coverbild: Ulrike Hirsch
www.ulrike-hirsch.de

CreateSpace Independent Publishing Platform
ISBN-13: 978-1482533576
ISBN-10: 148253357X

Inhaltsverzeichnis

Wer ist der
wichtigste Mensch
in deinem Leben?

Vorwort der Autorin

„Freiheit, ich komme!" - was für ein Titel! Das hört sich so an, als wenn ich im Gefängnis gesessen hätte. Ja, habe ich auch. In meinem inneren Gefängnis. Gefangen in alten Verhaltensmustern, in Abhängigkeiten, in schädlichen Gedankenkonstrukten, usw. Also gefangen in mir selbst. Und peu á peu habe ich in den letzten Jahren Schritte zur inneren Freiheit gemacht.

Auf meinem Weg sammelte ich viele Erfahrungen. Ich habe Fesseln gelöst, von denen ich heute noch manchmal denke, dass sie mich vor eine nicht enden wollende Herausforderung stellen. Aber es ist ok. Es läuft heute bei mir viel mehr im Bewusstsein ab als früher. Und allein damit verändert sich viel.

Leben ist Veränderung. Und das ist das einzig Sichere im Leben. Mit dieser Tatsache habe ich mich inzwischen angefreundet, auch wenn Veränderungen nicht immer schön sind. Im Gegenteil: Oftmals ist es viel bequemer, alles beim Alten zu lassen. Deshalb scheuen auch viele den Weg in die Freiheit. Selbstverantwortung zu übernehmen erfordert Mut. Die Angst vor dem, was kommen könnte, muss überwunden werden. Manchmal benötigen wir sogar Hilfe von außen, die sich viele nicht holen möchten. Aus Angst, als „schwach" dazustehen. Dabei ist es eine große Stärke, um Hilfe bitten zu können. Noch dazu erfordert dieser Weg Geduld und Zeit. Es geht nicht von jetzt auf gleich. Aber egal wie lange und schmerzhaft unser Weg in die Selbstverantwortung ist: Es lohnt sich. Die innere Freiheit, die dann folgt, ist unbeschreiblich wertvoll.

Immer dann, wenn ich ein tiefes Gefühl von innerer Ruhe hatte, wusste ich: So fühlt es sich wohl an, wenn ich einfach bin. Der sogenannte SEINS-Zustand, von dem immer alle sprechen. Das waren dann Momente der totalen Zufriedenheit. Als wäre alles egal, was außen passiert. So bekam ich eine Ahnung davon, wie es ist, im inneren Frieden zu leben.

Ganz besonders war das nach Konflikten der Fall, in denen ich mich traute, alles zu sagen, was ich dachte und fühlte. Auch mit dem Risiko, dass ich die Beziehung damit in Gefahr bringe. Ich muss dazu sagen: Lange Zeit konnte ich das bei einigen Menschen nicht aus Angst vor Ablehnung.

Aber ich habe es gelernt. Sowohl beruflich als auch privat. Das waren für mich mit die heftigsten Prozesse, die ich durchlebt habe. Mit dem Wissen: Egal wie anstrengend es ist, es lohnt sich! Immer und immer wieder.

Die Gedanken, die du in diesem Buch findest, habe ich zum größten Teil für mich selbst geschrieben. Ich habe in den letzten Jahren festgehalten, was ich entweder bereits durchlebt habe oder noch durchlebe.

Manchmal braucht die Umsetzung nach der Erkenntnis nämlich etwas länger. Und irgendwann kommt dann der Punkt, an dem ich weiß, was der Unterschied zwischen denken und fühlen ist. Als wenn sich Herz und Verstand die Hände gereicht hätten und zu einer Einheit verschmolzen sind.

Etwas länger zu brauchen, ist übrigens völlig ok. Im Selbstverurteilen, weil es nicht schnell genug geht, sind wir ja Weltmeister. Manche Muster können eben hartnäckig sein. Lasst uns also lieb mit uns selbst sein und annehmen, wie es ist. Nimm dich einfach öfter in den Arm, statt mit der Bratpfanne auf dich drauf zu hauen.

Wie ich darauf kam, dieses Buch zu schreiben?
Es hat sich von allein geschrieben!

Also, nicht ganz. Ich war schon anwesend und es ist auch nicht Trance passiert, aber ohne dass ich vorhatte, ein Buch daraus zu machen.

Es gab diesen einen Abend, an dem ich alles zusammen getragen habe, was jemals als Inspiration, Erfahrung oder Erkenntnis aus mir raussprudelte. Ich hatte in Kursen auf Blocks mitgekritzelt, veröffentlichte Gedanken auf Facebook und schrieb schon seit ewigen Zeiten Blogs.

Und siehe da: Aus alledem kam ein ganzes Buch zusammen. Das war für mich wirklich ein Erlebnis. Ich hatte so viel geschrieben in den letzten Jahren, dass ich daraus ein weiteres Buch machen konnte! Ja, Wahnsinn! Manchmal ist uns gar nicht bewusst, was wir tun und was wir alles können.

Die einzige Frage für mich war dann: Soll ich es wirklich für alle zugänglich machen? Ich habe hin und her überlegt und dann entschieden: Was für mich hilfreich war, wird anderen schon nicht schaden. Also raus in die Welt damit!

Wenn man es genau nimmt, ist es für mich wie ein kleiner Seelenstriptease. Denn alles, was du hier findest, ist aus meinem Leben. Sehr Persönliches. Wundere dich nicht über die verschiedenen Formen der Ansprache. Mal habe ich in der Du-Form geschrieben, mal die Ich- und manchmal sogar die Wir-Form gewählt. Ich schrieb es, wie es aus mir raus wollte. Ohne zu bewerten. Und ich habe es so gelassen. Die Verstandsmenschen können also an der Stelle einpacken. Dieses Buch ist mit dem Herzen geschrieben worden und sollte auch damit gelesen werden. Zeit zum Fühlen.

In meinem ersten Buch „Gefühle zeigen erlaubt“ bat ich die Leser darum, dass es nicht auf einmal gelesen werden soll. Das lasse ich nun. Weil ich die Erfahrung gemacht habe: Es nutzt eh nichts.

Also lies dieses Buch so, wie du möchtest. Von vorne nach hinten oder von hinten nach vorne. Es gibt keine Vorschriften, an die du dich halten musst. Ist doch auch mal was Schönes, oder?

Du kannst selbst entscheiden, ob du dich am Inhaltsverzeichnis entlang hangelst oder einfach eine Seite aufschlägst, um auf das Zufallsprinzip zu vertrauen. Ich persönlich glaube ja weniger an Zufälle. Es fällt einem zu, was fällig ist.

Und nun darfst du eintauchen.
In mein Leben.
Und wer weiß,
vielleicht ist es ja auch deins.

Herzensgrüße
Kerstin

Vertraust
du dir?

Stehe für dich ein!

Wenn du das Gefühl hast, dass dir jemand dein Herz gestohlen hat, so gibt es nur einen Weg, es in Würde zurückzubekommen.

Stehe für dich ein!

Es ist manchmal alles andere als leicht, den Weg in die Freiheit zu gehen. Und weil es so bequem ist, verharren wir in Sackgassen, die uns nicht gut tun. Wir erstarren, frieren unsere Gefühle ein, verdrängen.

Die Qualität der Zeit, in der wir leben, lässt dies nicht mehr zu. Wir werden konfrontiert mit unseren Schattenseiten. Wollen wir sie wegstoßen, werden sie uns auf anderem Weg einholen. Krankheiten werden Botschafter sein, Entscheidungen die von anderen getroffen werden zwingen uns in die Knie oder es geschehen Ereignisse, bei denen wir nicht mehr daran glauben, dass es noch einen Gott gibt. Dann wird an die Oberfläche gespült, was lange im Verborgenen lag, und es wird sichtbar gemacht, was gesehen werden will.

Es kommt alles in Fluss, es werden mehr Tränen geweint, die Menschen sind weicher, emotionaler und empfänglicher für Spirituelles.

Deshalb wundere dich nicht über die Dinge, die passieren. Denn sie passieren einfach.

Und wenn du mal gar nicht mehr weiter weißt, kann ich dir einen guten Tipp geben: Im Zweifelsfall ist der Weg dort, wo die Angst sitzt.

Egal was geschieht, ich kann dir nur guten Gewissens sagen: Es wird alles gut.

Vertraue.
Glaube.

Du wirst niemals allein sein.
Es gibt immer eine höhere Macht, die dir beisteht.

Kurz-Meditation für jedermann und überall

Es gibt eine Kurz-Meditation, die ich ziemlich oft mache. Mitten im Alltag! Meditation ist ja letztendlich nichts anderes als eine Bewusstseinsübung. Sich auf das Hier und Jetzt zu konzentrieren. Und das geht mit dieser Übung ganz leicht und ist überall möglich. Sie wurde von Betty Erickson entwickelt, der Frau des Hypnosetherapeuten Milton Erickson.

Sie ist einfach, aber wirkungsvoll.

Eine ideale Meditation, wenn man irgendwo wartet. Auf den Zug, im Stau, beim Arzt. So wird aus Zeit, die man für sich verloren glaubt, plötzlich ein Geschenk!

Und so geht es:

Achte zuerst auf drei Dinge, die du siehst. Benenne sie für dich leise im Inneren. Wenn du allein bist, kannst du sie natürlich auch laut sagen. Zum Beispiel: Ich sehe, wie mein Hund auf dem Boden liegt, wie die Gardine sich im Wind bewegt, und ich sehe, wie ein Strahl der Sonne durchs Fenster scheint.

Dann wechsele zu drei Dingen, die du hören kannst. Formuliere diese auch für dich innerlich. Zum Beispiel: Ich höre das leise Geräusch des Kühlschranks, ich höre die Vögel draußen zwitschern und ich höre in der anderen Wohnung ein Telefon klingeln.

Dann wechsele zu drei Dingen, die du spüren kannst. Zum Beispiel: Ich spüre die Lehne in meinem Rücken, ich spüre den Boden unter meinen Füssen, ich spüre die Hitze um mich herum.

Wiederhole das ein paar Mal und du wirst sehen, wie du sofort im Hier und Jetzt ankommst, sich damit deine Wahrnehmung schärft, und wie es dich entspannt.

Für mich war es das erste Mal phänomenal, als ich feststellte, welche Dinge ich plötzlich bewusst wahrgenommen habe, die sonst völlig an mir vorbei rauschten.

Wenn du diese Kurz-Meditation öfter machst, wirst du merken, dass es dir immer leichter fällt, die Gegenwart zu genießen. Wie du mehr und mehr im JETZT lebst. Und ja, es wird sich auch auf andere Bereiche deines Lebens auswirken.

Viel Freude dabei!

Selbstliebe

Du liebst dich selbst nicht so, wie du bist?
Das ist ok!

Schlimm wird es erst,
wenn du es nicht annimmst,
sondern verurteilst.

Wenn du es unmöglich findest,
dass du es immer noch nicht gelernt hast,
wie es geht, sich selbst zu lieben.

Damit haust du auf dich drauf.

Nimm es an, wie es ist.
Damit gehst du in die Selbstliebe.

Automatisch.

Du siehst deinen Weg nicht mehr?

Du hast das Gefühl, du stehst vor Entscheidungen und kannst sie nicht treffen? Du hast Angst, vom Weg abgekommen zu sein? Dich quälen Gedanken, du kannst nachts nicht mehr schlafen? Du beschäftigst dich mit etwas derart intensiv, als ob es nichts anderes mehr gäbe? Deine Gefühle übermannen dich und du fühlst dich hilflos?

Dann lass zu, was da ist.
Lass raus, was raus will.
Weine, wenn dir nach weinen ist.
Schreie, wenn dir nach schreien ist.

Lebe deine Gefühle, auch wenn sie noch so schmerzhaft sind.

Aber LEBE !!!!

Lass diese Reinigung zu.
Und dann wirst du merken:
Es ist nicht wichtig, was kommt.
Es ist nur wichtig, was ist.

Vertraue dem Leben.
Vertraue auf dich.

Und plötzlich spürst du den Weg wieder unter deinen Füßen, obwohl du glaubtest, ihn verloren zu haben.

Der Löwe in der Schafherde

Kennst du den Löwen, der unter den Schafen aufwuchs, weil er dachte, er wäre ein Schaf? Bis ihn eines Tages ein alter Löwe zu einem Teich zerrte und ihm sein Spiegelbild zeigte.

Viele von uns sind wie dieser Löwe. Wir haben ein Bild von uns selbst, was gar nicht aus unserer eigenen Erfahrung entspringt, sondern durch die Gesellschaft geprägt wurde. Wir machen andere Stimmen zu unseren eigenen und merken gar nicht, wie wir uns mehr und mehr anpassen.

Wir sind alle als Individuum, als einzigartiger Löwe, geboren und werden im Laufe der Zeit zu einem Schaf in der Herde. Wir sind unfähig geworden, uns frei zu bewegen und verleugnen unsere eigene Identität.

Geh an den Teich und schaue dir dein Spiegelbild an. Brich aus den Vorstellungen aus, die dir von außen eingetrichtert wurden.

Sei verrückt oder albern.
Brülle herum oder tanze.

Aber tu irgendetwas,
um den schlafenden Löwen in dir zu wecken.
Warte nicht - JETZT !!!

Manchmal ist es
das Vernünftigste,
einfach mal herrlich
verrückt zu sein.

Was bedeutet Loslassen?

Es gibt ein Thema, welches wohl jeder in seinem Leben durchleben darf: Loslassen. Es kommt besonders dann zum Tragen, wenn die Kinder aus dem Haus gehen oder sich von den Eltern abnabeln. Wenn Menschen sterben oder wenn Beziehungen, Freundschaften, etc. auseinander gehen.

Die Frage, die ich mir gestellt habe:
Was genau bedeutet eigentlich loslassen?

Die Antwort bekam ich, als meine Oma gestorben war. Denn zu diesem Zeitpunkt fühlte ich das allererste Mal, was es bedeutet, jemanden in Liebe und Frieden loslassen zu können. Der Tod war sonst immer so dunkel. Auch die Zeit danach war für mich oft ganz schrecklich. Bei Oma war das anders. Natürlich habe ich geweint, als sie starb. Und natürlich hatte ich auch traurige Gefühle. Aber es war eine natürliche Trauer und nicht diese hilflose.

Und genau ab diesem Zeitpunkt hatte ich für mich die Antwort: Loslassen können ist ein Zeichen von Liebe und nicht anders herum, wie viele meinen.

Wir trauern um die Menschen am längsten, wo noch Dinge ungelöst oder ungeklärt sind. Deshalb tut es uns so weh. Wir wollen sie festhalten. Weil wir denken, dass wir die Menschen für unser Leben brauchen. Und das macht uns auf Dauer krank!

Ich weiß, dass sich bestimmt jetzt das ein oder andere Ego gegen diese Aussage wehrt. Ja, ganz sicher sogar. Deshalb lass die Worte mal auf dich wirken und prüfe sie für dich mit dem Herzen.

Und wer weiß: Vielleicht kannst du es irgendwann genauso fühlen wie ich. Ich wünsche es dir von ganzem Herzen, denn es ist ein schönes Gefühl.

Mit Männern hab ich immer Pech

„In Sachen Männer hab ich immer Pech."
„Was bedeutet Pech für dich?"
„Naja, ich ziehe immer die Arschkarte."
„Wirklich immer?"
„Nein, nicht immer, aber in den letzten Jahren halt."
„Kann es sein, dass du das Kartenspiel nicht gemischt hast?"
„Wie meinst du das?"
„Naja, wenn es neu ist, liegen die Arschkarten immer oben, nur DU kannst sie neu mischen."
„Ach Kerstin, wenn das so einfach wäre."
„Hast du dir denn schon mal Gedanken gemacht, wie dein „König" sein sollte?"
„Ja."
„Und?"
„Na, Hauptsache kein Arsch."
Ich schmunzle ...
„Ok, jetzt weißt du, was du nicht haben willst. Und was willst du?"
„Ach, ich glaub, ich weiß nur, was ich nicht will."
„Könnte es sein, dass du deshalb auch genau DAS anziehst?"
„Hmmm ... könnte sein."

Was würde die Liebe jetzt tun?

Manchmal sind wir von Habgier, Neid und Missgunst getrieben. Wir wollen besser sein als andere und tun alles dafür, an erste Stelle zu treten.

In Firmen gibt es Wettbewerbe, die Missgunst erzeugen … Eltern geben ihren Kindern das Gefühl, dass sie nicht gut genug sind. Auf diese Weise erziehen sie hungrige Kinder, die als Erwachsene ständig auf der Suche nach Bestätigung sind … Lehrer tadeln öfters statt zu loben … Schönheitschirurgen werden eher aufgesucht als Coachs, die einem helfen, sich so anzunehmen, wie man ist … Chefs halten ihre Mitarbeiter klein, damit sie nicht über die Vorgesetzten hinauswachsen. Die Liste kann endlos fortgeführt werden.

Was dabei völlig auf der Strecke bleibt, ist die Stimme des Herzens. Deshalb sollten wir öfter mal inne halten, nichts sagen und uns einfach fragen:

Was würde die Liebe jetzt tun? ♥

Einfache Schritte in die Selbstliebe

Es soll ja noch ein paar ganz wenige Menschen geben, die nicht alles an sich lieben, wie es ist. ☺

Wie wäre es mit einem Satz, den ich auch sehr gerne für mich benutze. Ihr könnt an erster Stelle beliebiges einfügen. Nicht nur Körperteile, sondern auch Verhaltensmuster, die ihr an euch schrecklich findet oder ablehnt.

„Obwohl ich meinen Bauch zu dick finde, liebe und achte ich mich voll und ganz.“

Und dann lass Musik laufen, die du mit Liebe verbindest, tanz hinein, schließe die Augen und umarme dich selbst. Wenn dabei Tränen laufen, ist das völlig ok. Viele haben es nämlich von ihren Eltern, Großeltern, Lehrern, etc. nicht gelernt, sich so angenommen zu fühlen, wie sie sind. Also erlernen wir es eben selbst. Damit wir es spüren und an die nächste Generation weitergeben können.

Wir sind alle gut und liebenswert – genauso, wie wir sind. Und jeder hat die Chance, dies zu erkennen und bejahend zu fühlen.

Dich hat jemand
ent-täuscht?

Sei ihm dankbar.

Er hat dir die
Täuschung
genommen!

Ja oder Nein?

Nein zu sagen, das fällt vielen Menschen schwer. Wir haben Angst, andere zu ent-täuschen. Wir denken, die anderen mögen uns dann nicht mehr. Wir fürchten, wir könnten das gesagte Nein später bedauern. Sagen wir Nein zu einem Angebot, werden wir ein anderes Mal vielleicht nicht mehr gefragt. Wir denken oft, dass ein Nein Konsequenzen haben könnte. Wenn man etwas nicht macht, könnte man den Job verlieren, andere könnten ärgerlich werden. Und viele haben Angst, dass durch ein Nein die Beziehung auseinandergehen könnte.

Und was machen wir? Wir sagen andauernd Ja, obwohl wir es gar nicht so meinen.

Auf der anderen Seite, das Wörtchen NEIN ist das wichtigste Wort in jedem Buch über Zeitmanagement. Ohne dieses Wort funktioniert Zeitmanagement einfach nicht. Und Selbstmanagement erst recht nicht.

Sicherheit im NEIN-Sagen zu bekommen, verlangt, dass man zuerst seine JAs wirklich wahrnimmt:

- Beobachte doch einmal, wie oft du überhaupt JA sagst.
- Überlege dann zu jedem JA, ob du lieber NEIN gesagt hättest und ob das JA eine bewusste Entscheidung war.

- Bevor du das nächste Mal JA oder NEIN sagen willst, mache eine kurze Pause. Atme tief durch.
- Hole dir beim anderen eine kurze Bedenkzeit. Erst dann entscheide, was du wirklich willst. Diese Pause gibt dir die Möglichkeit dazu.

Jedes NEIN kann ein JA zu dir selbst sein.
Gehe bewusst mit diesen beiden Wörtern um.

Über Spitznamen

Von einigen Menschen in meinem Umfeld wurde ich in meiner Jugendzeit KISI genannt. Nicht von allen und heute auch von niemand mehr. Interessant ist übrigens, dass ich oft, wenn ich mit mir selbst geschimpft habe, mich auch KISI genannt habe.

Es gibt die Verniedlichungen der Namen auch im Erwachsenenleben. Manchmal haben wir sie aus der Kindheit übernommen, manchmal wurden die Kosenamen aber erst geboren als wir erwachsen waren.

Hier mal einige Beispiele: Andi, Manni, Susi, Evi, Sanni, Tommi oder auch in Partnerschaften sehr begehrt: Schatzi, Bärchen, Liebchen, Hasi usw.

Sicherlich darf man diese Verniedlichungen nicht überbewerten, aber gut ist, wenn man sich das ins Bewusstsein ruft und prüft:
Wen nenne ich nicht bei vollem Namen?
Wen „verniedliche“ ich?
Nehme ich diese Personen ernst?
Von wem werde ich selbst verniedlicht, sprich klein(er) gemacht?
Haben die Menschen mit verniedlichten Spitznamen Probleme, ihre Frau / ihren Mann zu stehen?

Alles Anregungen, über die es lohnt nachzudenken und sich bewusst zu machen.

Hast du deine Hosen voll?

Wenn die Windel von meinem Neffen voll ist, wird er von seinen Eltern frisch gemacht. Sie putzen ihm den Popo ab, pflegen ihn, falls er wund ist, und ziehen ihm dann eine neue Windel an.

Und was machen viele Erwachsene?

Sie tragen ihren Scheiß so lange in der Windel, bis sie überquillt und stinkt. Obwohl sie zum einen selbst Hände haben, um sich abzuputzen. Und andererseits wissen, dass es genügend Menschen gibt, die Scheiße gegen Gebühr entgegennehmen.

Wann hast du das letzte Mal
deine Windel gewechselt?

Oder hast du lieber deine Hosen voll?

Es stinkt schon …

Große Leistungen

„Hinter großen Leistungen stehen meist Selbstunsicherheit und Minderwertigkeitsgefühl. Der Mensch, der sich selbst gefunden hat, leistet nicht, er ist! Doch hinter all den großen Taten und Leistungen der Weltgeschichte stehen immer Menschen, die von ihrem inneren Kleinheitsgefühl zu äußerer Größe getrieben werden. Sie wollen durch ihr Tun der Welt etwas beweisen, obwohl in Wirklichkeit niemand da ist, der solche Beweise fordert oder auf sie wartet - ausgenommen sie selbst. Er will immer nur sich etwas beweisen, doch die Frage ist: was?

Wer viel leistet, sollte sich möglichst früh die Frage stellen, warum er das tut, damit einmal die Enttäuschung nicht zu hart wird. Wer zu sich ehrlich ist, wird als Antwort immer finden: um anerkannt zu werden, um geliebt zu werden.

Zwar ist die Suche nach Liebe die einzige bekannte Motivation für Leistung, doch dieser Versuch endet immer unbefriedigend, denn das Ziel ist über diesen Weg niemals erreichbar. Denn Liebe ist zweckfrei, Liebe kann man nicht verdienen. "Ich liebe dich, wenn du mir zehntausend Euro gibst" oder "Ich liebe dich, wenn du der beste Fußballspieler bist" sind absurde Forderungen. Das Geheimnis der Liebe besteht in der Bedingungslosigkeit.

Objektiv gesehen beschert ein Baby der Mutter nur Last und Unbequemlichkeit. Doch eine Mutter fühlt es nicht so, denn sie liebt ihr Baby. Warum? Darauf gibt es nicht wirklich eine Antwort. Gäbe es eine, wäre es keine Liebe. Jeder Mensch sehnt sich irgendwo (bewusst oder unbewusst) nach dieser bedingungslosen reinen Liebe, die nur einem selbst gilt und von keinen Äußerlichkeiten und von keinen Leistungen abhängig ist. Daraufhin beginnt der Mensch, sich liebenswert zu machen, indem er immer gescheiter, immer tüchtiger, immer reicher, immer berühmter usw. wird. Mit all diesem Tand der äußeren Welt will er liebenswert werden - doch wenn er jetzt geliebt wird, bleibt ihm immer der Zweifel, ob er womöglich „nur“ wegen seiner Leistung, Ruhm, Reichtum usw. geliebt wird. Er hat in sich selbst den Weg zur echten Liebe verbaut.

Die Anerkennung befriedigt nicht diese bedingungslose reine Liebe, deshalb ist es nützlich, sich rechtzeitig mit seinem Kleinheitsgefühl und Minderwertigkeitsgefühlen auseinanderzusetzen.“

Auszug aus „Krankheit als Weg“
von Thorwald Dethlefsen und Rüdiger Dahlke

Das ist für mich wohl die größte Lebensaufgabe: Darauf zu achten, dass ich BIN und nicht denke, dafür geliebt zu werden, was ich tue oder leiste.

Schau den Tatsachen ins Auge!

Wenn wir uns an den schönen Situationen des Lebens erfreuen, können wir nicht gleichzeitig leiden. Wenn wir leiden, können wir uns nicht gleichzeitig an den schönen Situationen des Lebens erfreuen.

Schau dieser Tatsache ins Auge!
Sei ehrlich zu dir selbst.

In welchen Situationen leidest du?
In welchen Beziehungen leidest du?

Beschönige nichts!
Stelle dich deiner eigenen Wahrheit.

Und dann steige ganz bewusst aus diesen Leid-Mustern aus. Du bist Schöpfer deines Lebens. Du erschaffst deine Freude ebenso wie dein Leid. Solange du glaubst, Opfer deiner Umwelt zu sein, wirst du auch Täter anziehen, die dir genau das spiegeln.

Und es ist völlig ok, sich von jemandem helfen zu lassen, der die Taschenlampe anknipst, während du selbst im Dunkeln tappst.

Und nun los!
Ich mache auch mit.

Mein Herz tanzt

„Finde heraus, was dir große Freude macht und fang an, es zu tun, egal ob dir jemand Geld dafür gibt. Je mehr sich dein Herz freut, desto eher ziehst du den Erfolg an."

© Robert Betz

Dieses Zitat las ich im Juli 2011, als ich anfing zu fotografieren. Und genauso hab ich es gemacht. Mein einziger Plan war: Mein Herz möglichst oft zum Tanzen zu bringen. Dafür musste ich rausfinden, wann dem so ist. Und dann ging alles wie von selbst.

Mein Herz tanzt, wenn ich fotografiere.
Mein Herz tanzt, wenn ich singe.
Mein Herz tanzt, wenn ich mit Freunden spreche.
Mein Herz tanzt, wenn meine Neffen um mich herum sind.
Mein Herz tanzt, wenn ich albern bin.
Mein Herz tanzt, wenn ich im Grünen bin.
Und noch vieles mehr.

Das Wissen darum, wann mein Herz tanzt, ist wichtig. Genauso wichtig die Umsetzung.

Und nun du ...

Umgang mit Ängsten

Ängste sind bloß eigene Kreationen und nicht real. Sie sind Botschaften und wollen dir etwas mitteilen. Also heiße sie willkommen, lade sie zum Kaffee ein, biete ihnen Kuchen an und du wirst sehen: Wenn du dich der Angst widmest, statt sie loswerden zu wollen, wirst du sie entmachten.

Es ist wie mit unwillkommenen Gästen: Hältst du ihnen die Tür auf und bewirtest sie, werden sie irgendwann gesättigt nach Hause gehen. Hältst du ihnen jedoch die Tür zu, werden sie penetrant anklopfen und dich immer wieder besuchen.

Das, was sich hier so leicht anhört, ist Arbeit! Denn durch Ängste zu gehen kann verdammt anstrengend sein.

Und auch an der Stelle kann ich von mir berichten: egal wie anstrengend es ist: Das Gefühl, was folgt, ist es wert: Innere ZuFRIEDENheit.

Und je öfter du durch gehst, desto mehr Vertrauen wird sich einstellen.

Vertrauen ins Leben.
Vertrauen in dich.

Für einen
Regenbogen
braucht es
Sonne
UND
Regen.

Übung: Entmachte deine Glaubenssätze

Es gibt immer wieder neue Herausforderungen im Leben. Nichts bleibt, wie es ist, selbst wenn wir denken, es wäre so. Täglich wachsen die Bäume, die Menschen werden älter und so wächst auch das Leben Tag für Tag weiter. Ja, es geht vorwärts. Das Leben ist Veränderung. Und wir gehen voller Freude und Mut mit!

Leider ist dem nicht immer so. Es gibt Menschen, die sich die Chance nehmen zu wachsen ... durch Resignation und Mutlosigkeit. Nur was hält sie zurück? Es sind meist Glaubenssätze, die sich über Jahre so entwickelt haben ... teilweise werden sie von Kind an mit ins Erwachsenenleben getragen und sie merken es nicht einmal. So ging es mir zumindest, bis ich durch NLP das Bewusstsein dafür bekam.

Es sind Sätze wie:

„Ich kann das nicht."
„Ein anderer bestimmt, aber ich doch nicht."
„Ich habe das schon immer so gemacht."
„Ich bin nicht gut genug dafür."
„Ich fühle mich minderwertig."

Sicherlich fallen dir an der Stelle noch mehr solcher Sätze ein. Diese innere Stimme, die wir manchmal hören. Ja, genau diese Sätze lassen manche Menschen im Nichtstun und ihrer Angst vor Veränderung verharren.

Und nun eine Übung, die ich auch öfter mache: Immer dann, wenn du dich einen solchen Glaubenssatz sagen hörst (meist geschieht dies nur leise in deinen Gedanken): Lösche diesen Satz aus deinem Bewusstsein und gib ihm eine andere Stimme. Das geht ganz einfach. Sag diesen Satz noch einmal laut, und zwar mit einer Stimme wie Bugs Bunny, Helge Schneider, oder einer Phantasiefigur die du dir ausdenkst, und die lustig und zum Lachen ist.

Ich halte mir einfach die Nase zu, das hört sich dann an wie Willi von Biene Maja. Ich muss dann schon automatisch über mich lachen.

Du glaubst nicht, dass es geht?
Probiere es mal aus.

Du kreierst, erschaffst und gestaltest dein Leben selbst!

Würdige deine Schritte

Ich kann mich noch gut an den Tag erinnern, an dem mein Neffe das erste Mal freihändig gelaufen ist. Wir (meine Schwester, mein Schwager, meine Mutter, mein Vater und ich) saßen alle mit gespreizten Beinen und offenen Armen auf dem Boden. Mein Neffe ist von einem zum anderen gelaufen und die letzten Schritte ist er meist geflogen, weil er sich so freute, dass er in den Armen von jemandem von uns gelandet ist. Und wir haben uns alle gefreut wie die Schneekönige, haben bei jedem Schritt gejubelt und ihn bestärkt, weiterzugehen. Runde für Runde. Ihr hättet ihn mal sehen sollen. Ich glaube, er war von seinen ersten Schritten völlig erschöpft, aber diesen Jubel musste er mitnehmen und so lief er den halben Abend von Arm zu Arm und war so stolz. Es war göttlich! Nicht nur für ihn, auch für uns.

Jetzt stelle ich mir und euch die Frage: Stellt euch mal vor, wir würden unsere eigenen Schritte, die wir im Leben gegangen sind, jedes Mal aufs Neue so wertschätzen und würdigen. Wäre das nicht toll? Wann hast du das letzte Mal zurück geblickt und dir auf die Schulter geklopft?

Falls du noch jemand brauchst, der sich mitfreut … zögere nicht und schreib mir von deinen Schritten. Ich jubele mit, ganz bestimmt sogar! ☺

Die Erlaubnis

Ich denke, fast jeder von uns hat negative Überzeugungen, die er mit sich herumträgt. Diese beginnen oft mit den Worten „Ich kann nicht …“ oder Überzeugungen, die dazu dienen, dich kleiner zu machen. Vielleicht gibt es ja auch bei dir solche Sätze, die du immer wieder sagst, obwohl du weißt, dass sie dir schaden.

Ich habe dafür ein Beispiel: Im NLP-Kurs gab es mal eine Frau, die von sich glaubte, keine Kreativität zu besitzen, und sie konnte sich, egal wie es die Trainerin anstellte, nicht in den wünschenswerten Zustand hinein fühlen. Es fehlte ihr jeglicher Zugang zur Kreativität. Statt dem Zielsatz „Ich bin kreativ“ räumte die Trainerin dann den Zielsatz „Ich erlaube mir, kreativ zu sein“ ein. Und plötzlich veränderte sich etwas. Über die Erlaubnis, die sie sich selbst gab, fand sie auch den Zugang zum Kreativsein.

Schau doch mal, ob du auch Überzeugungen hast, die dich daran hindern, dein Leben so zu leben, wie du es gerne möchtest. Und schaue dann, was passiert, wenn du dir einfach die Erlaubnis dafür erteilst, etwas machen oder sein zu dürfen. Manchmal reicht das schon, um den eigenen Horizont öffnen zu können.

Die fünf Sinneskanäle

Es gibt fünf Sinneskanäle, wovon die ersten 3 wohl am häufigsten bewusst genutzt werden.

V = visuell (sehen)
A = auditiv (hören)
K = kinästhetisch (fühlen)
O = olfaktorisch (riechen)
G = gustatorisch (schmecken)

All meine engen Freunde funken überwiegend auf dem gleichen Kanal wie ich - dem kinästhetischen. Jetzt kann es aber auch mal sein, dass wir uns mit Menschen nicht verstehen. Oder auch in Beziehungen aneinander vorbei reden. Und manchmal wissen wir gar nicht, warum das eigentlich so ist.

Ich gebe mal ein Beispiel:

Sie sagt: „Er kann nicht über seine Gefühle sprechen."
Und er sagt: „Ich spüre gar nicht, wie gern sie mich hat."

Sie hätte dann als Hauptzugangskanal den auditiven, er den kinästhetischen. Sie will es hören, er will es spüren.

Wenn ich also weiß, dass mein Partner überwiegend

auf dem auditiven Kanal empfängt, dann weiß ich auch, dass ich ihm meine Liebe noch so stark zeigen und spüren lassen kann, doch am einfachsten ist, ich sage ihm, dass ich ihn liebe. DAS ist dann für ihn die größte Liebeserklärung. Eine, die er sofort versteht und nicht übersetzen muss.

Toll ist übrigens, wenn man dies in der Partnerschaft, in Freundschaften oder in der Familie kommunizieren kann. Ich habe selbst schon einiges nicht mehr so persönlich genommen. Und manchmal kommt dadurch Humor in Situationen, in denen zuvor Streit entstanden ist.

Weißt du von dir und deinem persönlichen Umfeld, welche Hauptzugangskanäle vorhanden sind?

Die Welt der Spiegel

Dein Partner hat die Fäden in der Hand?
Dein Chef ist dir zu dominant?
Deine Eltern bestimmen über dich?

Draußen laufen Spiegel deiner selbst herum. Statt auf dein Umfeld zu schimpfen, stelle dich ihnen. Was ist es denn, was dich so aufregt oder nervt am Verhalten deines Partners, des Chefs oder der Eltern? Haben sie vielleicht etwas, von dem du dir mehr in dir wünschen würdest? Oder haben sie etwas, was du in dir selbst noch ablehnst?

In diesem Beispiel geht es um das Thema Dominanz, was du aber auch mit jedem anderen Thema gedanklich durchgehen kannst. Immer wenn dich etwas „antitscht", hat es auch noch etwas mit dir zu tun. Tritt einen Schritt zurück, raus aus der Emotion und betrachte die Situation erneut:

Statt die Schuld im Umfeld zu suchen, stelle dir Fragen, die dich in die Lösung führen. In diesem Fall könnten das Fragen sein wie:
Wo kannst du mehr Dominanz an den Tag legen?
Wann könntest du mal auf den Tisch hauen?
Wann traust du dich nicht auszusprechen, was du denkst und fühlst?
Wann könntest du dich mehr durchsetzen?

Wann verleugnest du dich selbst, um anderen zu gefallen?

Steh zu dir und zeig dich!
So wie du bist.

Das wird deinen Spiegeln nicht immer passen, denn sie wollen keine Veränderung. Und sie versuchen dann, weiter mit dir zu spielen. Aber indem du zu dir stehst, bist du ausgestiegen aus dem Spiel. Bleib dir selbst treu, denn der wichtigste Spiegel ist der, in dem du dich siehst!

Wo die Seele auftankt

„Das Leben der meisten Menschen ist heute eher übervoll, dabei aber in der Regel unerfüllt. Es ist übervoll an Terminen, an Gegenständen, an Nahrungsmitteln, an Bekannten, an Freizeitmöglichkeiten und Ablenkungen, an Informationen, an Gedanken, an Ansprüchen und sonstigen Reizen - genau dieses Reizfülle lenkt sie aber ständig von sich selbst ab und hindert ihre Seele, innerlich aufzutanken und Erfüllung zu finden.“

Diese Zeilen sind aus dem Buch „Wo die Seele auftankt: Die besten Möglichkeiten Ihre Ressourcen zu aktivieren.“, was ich jedem empfehlen kann, der sich gerade von seinen Kraftquellen abgeschnitten fühlt, aber auch jedem, der noch mehr in seine Kraft eintauchen will.

In meiner Coachingarbeit durften wir eine Buchpräsentation machen. Dieses Buch hatte ich dafür ausgewählt. Es gab für mich viele Aha-Erlebnisse und seitdem folge ich keinen fremden Kraftquellen mehr, sondern meinen eigenen. Das Bewusstwerden darüber hat für mich einen entscheidenden Unterschied ausgemacht.

Selbstreflexion

Wenn jemand mich schlecht behandelt,
stelle ich mir sofort die Frage:
„Wie gehe ich gerade selbst mit mir um?“

Und meist liegt darin schon die Antwort.

Die Antwort ist einfach

Wenn du dich in einem Konflikt verletzt fühlst, ist die Möglichkeit groß, dass auch der andere verletzt ist. Diese Sichtweise kann helfen, völlig neue Dinge zu erfahren.

Die angelegten Verhaltensmuster, sich dem Konflikt und den dazu gehörigen Gefühlen entziehen zu wollen, können sehr unterschiedlich sein.

Manche greifen an.
Manche rechtfertigen sich.
Manche halten aus.
Manche suchen Schuldige.
Manche werden laut.
Manche ziehen sich trotzig zurück.

Erkenne dein eigenes Muster.
Und erkenne das des anderen.

Wenn du erkennst, dass in einem Konflikt meist beide Parteien aus Mustern heraus agieren, die in der Kindheit angelegt wurden, hast du vielleicht Verständnis. Für dich, aber auch für den anderen.

In dem Moment beruhigt es sich in dir.

Und dann frage dich, was beide wieder zusammen führt? Die Antwort ist einfach. Es ist die Liebe.

Erwartung und
Enttäuschung
sind Zwillinge!

Übung: Wirf deinen Ballast ab!

Sicherlich gibt es auch in deinem Leben Dinge, die du loswerden möchtest, richtig? Du hast jetzt die Möglichkeit zu lernen, wie das ganz einfach funktioniert.

Bist du bereit?

Ok, damit du auch wirklich einen A-ha-Effekt erlebst, solltest du nun auf einem Blatt Papier die Dinge aufschreiben, die du loswerden willst. Meistens fallen einem drei auf Anhieb ein.

Und?
Hast du alles notiert?

Ach komm, jetzt mach mit.
Sei nicht so träge!

Und?
Jetzt fertig?

Wunderbar, dann werde ich dir nun eine wichtige Frage beantworten. Und zwar die, die du dir wahrscheinlich immer wieder gestellt hast: Wie werde ich die scheinbar belastenden Dinge los, damit ich endlich im inneren Frieden leben kann? Letztendlich ist es wirklich einfach. Die Antwort lautet: Gar nicht! Ich hoffe, die Antwort hat dich nun nicht enttäuscht. Wenn wir aber näher hinschauen, ist die Antwort auch heilsam. Und um es vorweg zu nehmen: Du kannst trotzdem deinen inneren Frieden finden. Die Frage ist also jetzt nur noch: Wie?

Solange du dich um die Dinge kümmerst oder an die Sachen denkst, die dir fehlen oder dir zu schaffen machen, lenkst du deine Energie auch genau dorthin. Somit befindest du dich im Mangeldenken. Und das führt dich dorthin, wo du nicht hinwillst: noch weiter in den Mangel.

Was würde denn passieren, wenn du das, was du eigentlich loslassen willst, erst einmal annimmst? Wenn es völlig ok wäre, dass es so ist, wie es ist? Wenn du so gut wärst, wie du bist?

Alles, was du weghaben willst, hat Macht über dich.
Alles, was du angenommen hast, entmachtest du.

Bei mir selbst war es lange Zeit das Thema Emotionen. Wenn mich etwas berührte, dann schossen mir sofort die Tränen in die Augen. Wenn ich traurig war, weinte ich überdurchschnittlich viel, und ich habe es oft verdammt, dass ich mich nicht im Griff hatte und mich so hilflos fühlte.

Erst als mir in den NLP-Kursen gespiegelt wurde, wie wertvoll es ist, Gefühle zeigen zu können, veränderte es sich in mir. Wer herzhaft lachen kann, kann meist auch gut weinen. Das eine ist vom anderen nicht zu trennen. Und erst als ich es angenommen hatte, dass es für mich völlig ok war, zu weinen, wurden die Tränen weniger. Ich bin ok, so wie ich bin, auch mit meinen Emotionen. Meine Gefühle sind meine Freunde. Ja, auch die traurigen und die vermeintlich negativen. Ich habe sie angenommen, und ich kann immer noch Gefühle zeigen – mit dem Unterschied, dass mich nun nicht mehr diese Hilflosigkeit durchflutet.

Wo Licht ist, ist auch Schatten ...

Verhaltensmuster ändern

Mach doch mal folgenden Versuch:
Falte deine Hände wie zum Beten.

Schau dir nun an, welcher Daumen oben liegt.
Der rechte oder der linke?

Und nun versuche, die Hände einmal so zu falten, dass der andere Daumen oben liegt.

Fühlt sich irgendwie falsch an, oder?

Genauso ist es mit all unseren eingefahrenen Verhaltensweisen. Wir haben immer wieder ein und dasselbe getan, haben uns immer und immer wieder ähnlich verhalten und haben immer wieder ähnliche Fehler gemacht. Und falls wir nun ein Verhaltensmuster ändern möchten, denken wir doch einfach ans Beten ... erst, wenn wir es x-mal anders herum gemacht haben, wird es sich irgendwann gut anfühlen.

Wenn es dir also nicht sofort gelingt und du aus Reflex noch ein paar Mal die Hände so faltest wie gewohnt, sei verständnisvoll. Gib dir etwas Zeit und hab Geduld mit dir.

Der Lauf des Lebens

Es ist der Lauf des Lebens.

Beziehungen verändern sich.
Manche werden schwächer.
Manche intensiver.
Manche Freunde gehen.
Neue Freunde kommen.

Festhalten wollen macht krank.
In Liebe loslassen macht frei.

Und jeder entscheidet für sich.

Die Irrwege des Egos

Willst du der Beste sein?
Willst du gewinnen?
Willst du Recht haben?

Das sind Ego-Wege.

Und wenn du es nicht erkennst, glaubst du, dein Ego zu sein. Du wirst dich diesen „Wettbewerben“ hingeben und von negativen Gefühlen lenken lassen, die nicht aus dem Herzen kommen. Die Mechanismen des Egos zu erkennen, bedarf der Bereitschaft des „Aufgebens“.

Und irgendwann wirst du den Menschen dankbar sein können, die sonst immer Spiele mit dir gespielt und rote Knöpfe gedrückt haben.

Dann wird dein Ego sich nicht mehr kloppen wollen, dein Herz wird stattdessen sagen: Er/Sie kann nicht anders. Du wirst Liebe senden, wo vorher negative Gefühle waren. Und durch dein Sein wirst du auch beim Gegenüber transformieren.

Ein Gesetz der Resonanz: Durch Liebe kannst du keinen Hass ernten.

Es beginnt also wie so oft bei dir ...

Die fünf Freiheiten

Stell dir mal vor, du würdest die fünf Freiheiten, die Virginia Satir (Begründerin der Familientherapie) aufgestellt hat, leben:

Die Freiheit zu sehen und zu hören, was im Moment wirklich da ist,
- anstatt das, was sein sollte, gewesen ist oder erst sein wird.

Die Freiheit, das auszusprechen, was ich wirklich fühle und denke,
- und nicht das, was von mir erwartet wird.

Die Freiheit, zu meinen Gefühlen zu stehen,
- und nicht etwas anderes vorzutäuschen.

Die Freiheit, um das zu bitten, was ich brauche,
- anstatt immer erst auf Erlaubnis zu warten.

Die Freiheit, in eigener Verantwortung Risiken einzugehen,
- anstatt immer nur auf „Nummer sicher zu gehen“ und nichts Neues zu wagen.

Würde sich in deinem Leben etwas verändern?

Geschenke

Wenn du etwas verschenkst,
solltest du es, aus dem Herzen heraus,
bedingungslos tun.

Ist dein Geschenk an Erwartungen geknüpft,
ist es kein Geschenk mehr.

Vertrauen

Wenn du das Gefühl hast,
deinen Weg nicht zu kennen,
dann bleib einfach mal stehen.

Setz dich auf eine Bank.
Halte inne.

Und bleib so lange sitzen,
bis irgendetwas in dir sagt:
„Da geht‘s lang!“

Vertraue.
Dem Leben.
Der Stille.
Dir.

Dein Herz kennt die Antwort.

Wo ist die Lösung?

Soll ich JA sagen oder NEIN?
Soll ich dorthin oder dahin gehen?

Du kannst die Situation nicht lösen,
indem du eine Pro- und Kontra-Liste machst.
Der Verstand kann keine Lösung finden.
Folge lieber deinem Herzen.
Gesetzt den Fall, du findest es.

Wenn nicht, spring einfach!

Dann klopft dein Herz so schnell,
dass kein Zweifel mehr daran besteht,
wo es ist.

Hilflose Gefühle

Hilflose Gefühle sind ein Zeichen dafür, dass die Vergangenheit dich beherrscht. Wenn Gefühle dich übermannen und du dich ausgeliefert fühlst, dann ist es an der Zeit, sich zu fragen: „Wie alt bin ich gerade?“

Wenn du die Antwort kennst, darfst du die Verantwortung als ErWACHsener übernehmen. Und deinem inneren verletzten Kind das schenken, was es sich gerade (meist von jemand anderem) wünscht.

Schaue nicht zu, wie dein inneres Kind verkümmert. Gehe in Handlung und bleibe bei dir. In Liebe

Wenn wir
jemanden hassen
oder ihm nicht
verzeihen,
dann denken wir,
wir tun dem
anderen weh,
dabei verletzen wir
am Allermeisten
uns selbst.

Welche Stimme spricht da?

Welche Stimme spricht in dir, wenn du abwertend über dich sprichst?

„Ich bin nicht gut genug."
„Ich bin klein und wertlos."
„Ich bin nicht liebenswert."
„Ich bin zu dick."
„Ich bin einsam."
„Ich bekomme mein Leben nicht allein geregelt."

Das sind nur ein paar Beispiel-Sätze, die viele Menschen in sich tragen.

Aber wer spricht denn da in dir?
Ist das die Stimme des Herzens?
Ganz sicher nicht!

Wir haben im Laufe der Jahre viele Außenstimmen zu unseren inneren gemacht und können nicht mehr unterscheiden.

Es wird Zeit zu sortieren.

Welches sind äußere Stimmen,
die du zu deinen gemacht hast?
Welches sind deine eigenen Stimmen?

Finde es heraus - es lohnt sich.

Denn deine eigenen Stimmen
führen dich in die Liebe.

Und Liebe ist der Schlüssel zum Glück.

Die Botschaft von Ärger und Wut

Du kannst dir in einem ganz gewiss sein: Wenn dich noch etwas ärgert oder wütend macht, hat es auch etwas mit dir zu tun.

Du kannst entweder dann in deinem Gefühl verharren, oder aber du wechselst die Perspektive. Schau in deinen Spiegel.

Meist sind es Prägungen, die ganz früh in dir angelegt wurden. Ich gebe ein banales Beispiel: Wenn deine streitenden Eltern ständig vor deiner Nase die Türen geknallt haben, als du drei Jahre alt warst, könnte es sein, dass du auch heute noch hochschreckst oder ein komisches Gefühl verbunden mit Unsicherheit oder Ängsten hast, wenn jemand die Tür knallt.

Derjenige, der die Tür knallt, kann in dem Moment nichts für deine Gefühle von früher. Denn du reagierst auf etwas, was als Kind (oft unwissend) in dir angelegt wurde. Werde dir dessen bewusst. Allein das Bewusstmachen kann helfen, die hilflosen Gefühle anders zu empfinden.

Wenn du eine solche Situation bei dir kennst, mache folgendes:

Gehe gedanklich in die Situation von früher.
Spiele sie nochmal im Geiste durch.

Und dann: Greife ein!
Als Erwachsener.

Was hätte die/der Kleine früher statt einer knallenden Tür und Streit der Eltern gebraucht?

Meist sind es Liebe, Geborgenheit, Anerkennung. Nimm gedanklich dein verletztes Kind von früher in deine Arme. Du bist jetzt für dich verantwortlich.

Schaue hin, wenn jemand deine „roten Knöpfe" drückt. Was steht wirklich dahinter?

Sei authentisch

Es ist wirklich ganz egal,
ob du arm bist oder reich,
ob du groß bist oder klein,
ob du dick bist oder dünn,
ob du geschminkt bist oder nicht,
ob du ein Auto fährst oder ein Fahrrad.

Ja, es ist alles ganz egal.

Die Menschen lieben dich,
wenn du authentisch bist.

Sei einfach du selbst.

That‘s it.

Wenn du JA zu
dir sagst und
mit dir selbst
verheiratet bist,
hat das einen
großen Vorteil:
Du wirst niemals
in deinem Leben
allein sein.

Party des Lebens

Du brauchst keinen bestimmten
Tag für die Party einzuplanen.

Lass dein Haar herunter,
zieh die Schuhe aus,
spring durch die Pfützen!

Die Party ist bereits im Gange.
Immer und überall.

Das Gesetz der Resonanz

Wenn du Liebe säst,
kannst du keinen Hass ernten.
Wenn du Hass säst,
kannst du keine Liebe ernten.

Werde dir bewusst, wie du handelst.
Werde dir bewusst, wie du denkst.

Und dann gehe in die Dankbarkeit.
Öffne dein Herz und sende Liebe.

Wenn du merkst, dass es dir schwer fällt, halte inne. Schau zuerst auf dich, bevor du den anderen verurteilst.

Denn immer wenn du jemand anderen verurteilst, verurteilst du einen Teil von dir selbst. Und dann schließt sich der Kreis:

Wenn du dich selbst verurteilst,
wie willst du Liebe säen?

Der Weg in die Freiheit

Bei den Worten „Ich brauche dich" ist nicht Liebe die Grundlage, sondern Abhängigkeit. Liebe ist ein Geschenk und kann nicht verdient oder erarbeitet werden. Und es bedarf Mut und Selbstvertrauen, sich aus diesen Fesseln zu lösen.

Aber der Weg in die Freiheit lohnt sich!

Dazu möchte ich ebenfalls ein Buch empfehlen, welches mir persönlich geholfen hat, Abhängigkeiten nicht nur zu lösen, sondern auch zu verstehen. Und genau an dem Punkt begann die Heilung:

Es ist von Heinz-Peter Röhr und der Titel lautet: „Wege aus der Abhängigkeit. Destruktive Beziehungen überwinden."

Gehe ich mit mir
selbst zu hart
ins Gericht,
muss ich mich nicht
wundern, wenn ich
verurteilt werde.

Jetzt

Wo sitzt du gerade?

Schau dich mal um.
Was siehst du?
Welche Farben nimmst du wahr?
Sitzt du in einem Zimmer?
Wie ist es gestrichen oder tapeziert?

Hörst du auch etwas?
Redet irgendwer?
Läuft das Radio?
Rauscht dein PC?
Zwitschern die Vögel?
Hör mal genauer hin.

Was machst du gerade mit deinen Händen?
Halten sie gerade dieses Buch?
Oder liegen sie auf deinem Schoß?
Spürst du sie?

Wo sind deine Füße?
Stehen sie auf der Erde?
Liegen sie irgendwo drauf?
Fühlst du es?

Willkommen im JETZT!

Allround-Mittel bei Krankheiten

Es gibt ein neues heilendes Mittel bei nahezu alle Krankheiten. Leider kann es von keinem Arzt verordnet werden. Jeder Patient muss sich selbst dazu entscheiden.

Es heißt HINSCHAUEN und die Botschaften des Körpers VERSTEHEN.

Eine gute Kommunikation mit sich selbst ist also gefragt.

Wenn du nicht handelst, wirst du behandelt

Fühlst du dich oft ungerecht behandelt? Du findest es unfair, dass andere Menschen so viel Glück haben und du nicht? Sind in deinem Umfeld Menschen, die dir das Leben schwer machen? Wenn du dich solchen Überzeugungen hingibst, dann bist du in der Opferrolle. Als Opfer kannst du nicht handeln.

Wenn du nicht handelst, wirst du behandelt!

Das kannst du nun entweder hinnehmen und erdulden. Oder du gehst in die Schöpferrolle und gestaltest dein Leben selbst. Jeder so wie er mag. Nur sei dir bewusst: Hinnehmen und erdulden passiert oft unbewusst. Selbst zu gestalten, bedarf einer ganz bewussten Entscheidung.

Du erschaffst dir deinen inneren Frieden.
Du erschaffst dir aber auch deinen inneren Krieg.

Sage JA zum Leben und das Leben wird dir dementsprechend begegnen!

Bist du bereit,
auf deinem Lebensweg
vorwärts zu gehen,
auch wenn du
die Verantwortung
allein trägst?

Folge deiner inneren Stimme

Während du deinem Ego folgst,
kannst du nicht tun,
was DU wirklich willst.

Höre auf dein Herz und
besinne dich auf deine innere Stimme.
Denn von dort kommt die Weisheit,
die die Seele nährt.

Worte haben keine Bedeutung

Viele Worte und die Auswirkung ihrer Bedeutungen werden erst in dem Moment schlimm, wenn wir sie verurteilen.

Wenn ich zu jemandem sage: „Du bist aber naiv“, wird der andere sich erst dann angegriffen fühlen, wenn er findet, dass Naivität schlimm ist. Findet er Naivität gut, wird er sich bei mir bedanken.

Die Worte an sich haben keine Bedeutung.
Wir geben ihnen erst eine.

Das gelbe Trikot

Es gab im NLP-Kurs Übungen, die dazu dienten, alte negative Verhaltensmuster zu unterbrechen. Als ich jedoch morgens in den Spiegel schaute, kamen alte Gedanken hoch.

Ich dachte „oh nein, mein altes Verhalten ist doch noch da – hilfeeeeeeeeee“. Klar - ich wollte ja auch immer, dass alles sofort funktionierte, was ich gelernt hatte. Ich sage nur: Siebenmeilenstiefel! ☺

Und so stellte ich die Frage in der Gruppe: „Was kann ich denn gegen Rückschritte tun?“

Ich bekam von der Trainerin folgende Antwort: „Dann ziehst du das gelbe Trikot an.“

Ich schaute anscheinend irritiert und wartete auf eine Erklärung.

„Du stellst dir einfach vor, dass dein Verhaltensmuster nochmal gewürdigt werden will. Klar, es hat dich ja sehr lange begleitet und hatte positive Absichten.

Du ziehst ein gelbes Trikot an und läufst imaginär in ein Stadion, wo alle Zuschauer darauf warten, dich und dein altes Verhaltensmuster zu beklatschen.

Ja, genau. Du läufst einfach nochmal eine Ehrenrunde. Du würdigst dein altes Verhalten. Du nimmst es an und weißt, dass es ok ist."

Und seitdem laufe ich ...

Immer wieder Ehrenrunden.
Mal größere, mal kleinere.
Bis sie genug beklatscht sind.
Und in Frieden gehen ... ☺

Selbstverantwortung und deren Folgen

Erst, wenn ich Selbstverantwortung für mein Tun übernehme, werde ich erkennen, dass ich nicht Opfer, sondern Schöpfer meines Lebens bin. Alles, was jetzt in meinem Leben ist, habe ich bewusst, vieles sicherlich auch unbewusst, genauso erschaffen. Es geht hierbei auch nicht um eine Schuldfrage, sondern um die Erkenntnis, dass ich die Verantwortung für mich selbst habe.

Wenn ich mir klar werde, welche Macht das Leben mir durch die Verantwortung geschenkt hat, dann werde ich meinen Blickwinkel ändern können. Ich werde nicht überall die Schuldigen suchen im Außen, sondern den Fokus auf mein Innerstes legen.

Ich weiß, dass das nicht immer so einfach ist. Mein Muster, mit dem ich als Kind ganz sicher Aufmerksamkeit bekam, war Jammerei, wenn es mir schlecht ging und ich Probleme geäußert hatte. Und ich weiß inzwischen auch, dass es zu meinem Weg dazu gehört. Ich habe es angenommen, denn die positiven Absichten meines eigenen Verhaltens aus der Vergangenheit kenne ich auch.

Heute habe ich nicht immer Lust, Verantwortung zu übernehmen. Aber es ist ein Riesenunterschied, ob ich bewusst diese Entscheidung treffe oder ob sich Hilflosigkeit breitmacht, der ich mich ausgeliefert fühle. Machtlos eben - ich habe dann keine Macht über mich selbst.

Wenn ich zu mir selbst, zu meinen Stärken UND Schwächen stehe, haben auch die anderen eine Chance, zu mir stehen zu können, denn ich zeige ihnen wie es geht.

Die Würde des anderen

Wenn du jemand anderem hilfst,
frage dich immer,
ob du nicht seine Würde damit untergräbst,
denn so schwächst du den anderen mehr
als dass du ihm wirklich hilfst.

Mein Leben als Film

Wenn das Leben ein Film ist und
wir die Schauspieler, ist es oftmals hilfreich,
sich in den Zuschauerraum zu setzen
und seinem eigenen Stück zuzusehen.

Wer hat die Hauptrolle?
Welche Rolle darf neu besetzt werden?
Passt das Drehbuch überhaupt zu dir?

Du bist der Regisseur.
Du entscheidest.

Und, welcher Titel trägt dein Lebensfilm?

Vom Scheitern

Die meisten scheitern nicht,
weil sie es nicht können,
sondern weil sie nicht daran glauben,
dass sie es können.

Dein Weg

Du kannst vielleicht nicht alles
auf deinem Weg erkennen.
Gehe trotzdem weiter.
Erst wenn du Schritt für Schritt gegangen bist,
kannst du klar sehen,
welche Schritte dir wobei geholfen haben.

Fürchte dich nicht,
sondern freue dich auf die Veränderungen,
die das Leben dir schenkt.

Und egal, wie dein Weg bisher war,
denk daran:
Jeder Schritt ist ein Schritt
auf dem Weg zu deinem Ziel.

Bewusst(er) leben

Jeden Montagmorgen flatterte ein Gesundheits-Newsletter in mein E-Mail-Postfach. Ich las ihn immer, doch irgendwann nahm ich bewusst wahr, dass da eigentlich nur von Krankheiten die Rede ist. Statt mit Elan in die neue Woche zu starten, beschäftigte ich mich mit Krankheiten. Und mal im Ernst: Davon werden wir doch erst krank oder? Jetzt habe ich ihn abbestellt!!!

Ebenso hatte ich mal eine Tageszeitung 3 Wochen zum Probelesen. Als die Dame der Zeitung nachgefragt hat, wie ich die Zeitung finden würde, sagte ich: „Sie können ja jetzt nichts dafür, aber wenn die Zeitung ein wenig positiver wäre, könnt ich mir das morgens eventuell auch antun. Aber so … auf keinen Fall! Ich würde so meinen Tag mit Negativ-Nachrichten am laufenden Band beginnen. Wie soll sich da ein gutes Gefühl am Morgen einstellen?“

Wie ist das denn bei dir?

Guckst du noch Nachrichten vorm zu Bett gehen? Was macht das mit dir?

Wie viele Newsletter hast du bestellt, die eigentlich nur Negatives beinhalten?
Was macht das mit dir?

Wie oft sprichst du mit anderen darüber, dass es dir oder anderen schlecht geht?
Was macht das mit dir?

Welche Menschen hast du in deinen Online-Freundeslisten, die täglich Negatives berichten und das Leid der Welt weiterleiten?
Was macht das mit dir?

Gehe achtsam durchs Leben und schaue, wo du dein inneres Leid ganz bewusst durch Handlung im Außen unterbrechen kannst.

Die drei Motivationsarten.

MUSS – Motivation = innerer Druck
WILL – Motivation = innerer Antrieb
DARF – Motivation = innere Harmonie

Welche Motivation lebst du am meisten?
Musst du viel, willst du oder darfst du?

Schreibe alles auf, was du glaubst zu müssen, und dann stelle dir vor, du dürftest diese Dinge nicht mehr tun.

Ersetze in deinen Sätzen einfach mal das MUSS mit WILL oder DARF.

Was verändert sich?

Krieg oder Frieden?

Wenn ich Krieg äußerlich beende,
habe ich ihn auch innerlich beendet.

Wenn ich aufgebe,
mein Schwert auf den Boden lege,
meine Rüstung abstreife,
dann bin ich bereit für Frieden.

In Frieden zusammenkommen.
Oder in Frieden loslassen.

Das Ergebnis in Bezug auf den anderen ist dann nicht mehr vordergründig wichtig.

Viel wichtiger ist das eigene Gefühl.
Der innere Frieden.
ZuFRIEDENheit.

Selbstverantwortung

Viele Abhängigkeiten laufen heute ganz unbewusst ab. Tag für Tag. In Eltern-Kind-Beziehungen, in Ehen, usw.

Dies aufzudecken ist sicherlich nicht immer die schönste Arbeit an sich selbst. Aber jeder, der aufdeckt, erkennt und umsetzt, wird Schritt für Schritt weiter zu seinem eigenen inneren Königreich finden, immer mehr strahlen und immer weniger leiden.

Fragen, die du für dich selbst beantworten kannst:

In welchen Beziehungen leidest du?
Ist Abhängigkeit für dich bequem?
Scheust du die Anstrengung der Befreiung?

Ich will an der Stelle jeden ermutigen, sich mit seinen Schatten-Themen zu befassen. Aus eigener Erfahrung kann ich sagen: Mit Coach, Mentor oder Therapeut ist dieser Weg wesentlich leichter.

Deshalb gehört es für mich heute auch zur Selbstverantwortung, wenn ich sage: „Ich brauche Hilfe!“

Ich meine es doch nur gut mit dir

Mein abendliches Gebet könnte gerade lauten: Lieber Gott, beschütze mich vor den Menschen, die es gut mit mir meinen.

Überprüfe mal, wer in deinem Leben schon mal den Satz gesagt hat: „Aber ich habe es doch nur gut gemeint."

Fällt dir jemand ein?

Oftmals stecken wir in Abhängigkeiten bei Menschen, mit denen wir in einer ganz besonderen Verbindung stehen.

Menschen, bei denen wir uns nicht trauen, die eigene Meinung zu sagen. Denen wir gerne nach dem Mund reden. Die für uns auf dem Thron sitzen.

Ich ermutige dich: Stürze die Person vom Thron, nimm ihr die Krone ab, setze sie dir auf und gehe deinen eigenen Weg - auch diese Menschen warten im Inneren ihres Herzens darauf, obwohl ihr Ego gerne weiter angehimmelt wird.

Du bist erWACHsen - also gehe in Handlung und nimm dein verletztes inneres Kind in den Arm. Es braucht dich, den Erwachsenen.

Vom Denken

Was hast du gerade gedacht?

Ups - hab ich dich nun beim Denken unterbrochen?
Wir denken ja permanent.

Hast du dich schon mal beim Denken beobachtet?
Wie denkst du über dich?
Was denkst du denn so den ganzen Tag?

Wenn du merkst, dass dir deine eigene Gedanken nicht gut tun, dann sag doch einfach mal energisch und laut STOP.

Damit rufst du dich in die Gegenwart. Dazu atme ein paar Atemzüge ganz bewusst. Ein und wieder aus ... ein und wieder aus ... ein und wieder aus.

So und nun schön wieder weiterdenken.

Selbst wenn du
das Paradies
erneut betrittst,
wirst du eine Zeit
lang brauchen,
um dich dort zu
recht zu finden.

Wie kann ich Ziele erreichen?

In den 1990er Jahren entwickelten Robert Dilts und Topp Epstein die Walt-Disney-Strategie.

Walt Disney war ein großer Träumer und Visionär, dem es wie nur wenigen anderen gelang, seine Visionen Wirklichkeit werden zu lassen. Dabei unterschied er bewusst drei verschiedene Phasen in seinem Kreativitätsprozess.

Es waren die Phasen des Träumers, des Realisierers und die des Kritikers. In Zielerreichungsprozessen lassen sich diese drei Phasen wiederfinden und sinnvoll integrieren.

Am Anfang steht der Träumer – vorausgesetzt, wir lassen ihn überhaupt zu Wort kommen. Mit ihm entwickeln wir eine Vision, eine Vorstellung davon, wie unser Leben aussehen könnte, wenn es richtig toll wäre.

Welche Aufgaben hat der Träumer in dir?
Welche Fähigkeiten hat er?
Welche Kräfte gibt er in dein Ziel?

Dann könnte der Realisierer ans Werk gehen, einen konkreten Plan entwerfen und unsere Träume tatkräftig umsetzen. Wenn wir den Kritiker nicht beachten, könnte das jedoch manchmal zu ziemlich skurrilen Ergebnissen führen.

Mit dem Kritiker in uns lassen sich unsere Ideen aus verschiedenen Perspektiven betrachten. Er warnt uns vor Sackgassen. Oft hilft uns gerade das, unsere Pläne zu optimieren.

Tatsächlich erleben viele von uns den inneren Kritiker aber in einer anderen Rolle: Meist nörgelt er wenig konstruktiv an unseren Träumen und Plänen herum.

Wie äußert sich dein innerer Kritiker?
Welchen Einfluss hat er auf deine Entscheidungen?
Beginnt das Kritisieren schon, bevor der Träumer träumen durfte?

Viele von uns sind zu „realistischen Menschen“ erzogen worden. „Hör auf zu träumen!“ haben vielleicht einige von uns oft gehört. Und so kann es sein, dass die Stimme des Kritikers mit der Stimme des Vaters, der Mutter, Oma, Opa oder auch eines Lehrers überlagert ist. Dies sollten wir dann mit einem Rückgaberitual auflösen, damit der Kritiker konstruktiv bei uns ist.

Der Kritiker gilt oft als vernünftig, ist eher rational und kopfgesteuert. Genau diese Dinge sind in Kombination mit dem Träumer wichtig, um dann in die Umsetzung zu gehen.

Wenn jedoch der Träumer unterdrückt wird, kann es sein, dass wir dazu tendieren, Entscheidungen mit dem Kopf zu treffen. Wir machen vielleicht Pro- und Contra-Listen, um zu einer Entscheidung zu gelangen. Wenn wir jedoch zurückblicken, werden wir wohl alle feststellen, dass solche Entscheidungen selten dazu geführt haben, dass wir uns wirklich gut fühlten.

Wie oft geht es dir so, dass sich gerade die „vernünftige“ Option einfach gar nicht gut anfühlt?

Und dann gibt es da noch etwas anderes, was uns kritisch aufhorchen lassen sollte: Die wirklich erfolgreichen Menschen (wie z.B. Walt Disney) waren und sind alles andere als vernünftig! Im Gegenteil: Sie haben verrückte, illusionäre Ideen, die zu Beginn von kaum jemandem ernst genommen werden. Aber sie lassen sich nicht beirren. Sie träumen und träumen und träumen. Sie hören auf ihren inneren Kritiker nur, wenn er konstruktiv argumentiert. Und dann gehen sie ans Realisieren.

Lasse deinen inneren Träumer träumen, höre deinem inneren Kritiker zu und lasse dann in Teamarbeit den Realisierer durchstarten.

Je mehr Zeit du auf deine Vision verwendest, je detaillierter du sie durchdenkst und beschreibst, desto stärker ist der Fokus genau auf dieses Ziel gerichtet. Und worauf wir uns konzentrieren, das wächst!

Dann erleben wir plötzlich, wie Informationen fließen, die wir vorher nicht hatten, und „Zufälle“ bringen uns unverhofft wieder ein Stück weiter. Dann braucht es nur noch Mut und Zuversicht.

Gehe los und schaue dabei deine Vision immer wieder an. Den genauen Weg zum Ziel wirst du beim Gehen finden. Schritt für Schritt.

Und was macht dein inneres Team?
Arbeitet es Hand in Hand?

Übung: Wie sähe dein Leben aus, wenn…

Du hast mit dieser Übung nun eine geniale Möglichkeit, dein Leben, wie du es dir wünschst, zu gestalten.

Was du dafür brauchst?

1. Eine vertraute Person
2. Einen Zettel

Diese Grundlage sollte geschaffen sein, bevor du weiter liest. Aber den Satz hätte ich mir wahrscheinlich auch sparen können. Stimmt's? *grins*

Also gut, weiter.

Auf den Zettel schreiben du und die vertraute Person, mit der du die Übung machen willst, drei Wünsche auf, die ihr in eurem Leben noch gerne umsetzen wollt.

Es können Dinge sein, die du in deinem Inneren verändern willst, Ziele, die du noch erreichen möchtest oder auch einfach materielle Sachen, die gerade ganz oben auf der Prioritäten-Liste stehen. Schaue einfach, was spontan kommt.

Wenn ihr beiden die drei Dinge jeder für sich aufgeschrieben habt, geht ihr eine Stunde raus. Jeder hat eine halbe Stunde Zeit, dem anderen zu erzählen, wie sein Leben aussieht, wenn sich die drei Dinge erfüllt haben. Der eine erzählt und der andere hört nur zu.

Und nun los – warte nicht. Warten kann jeder. Rufe eine vertraute Person an und sage ihr, was du vorhast.

Willst du wissen, was ich damals meinem Gegenüber u. a. erzählt habe? Dass ich endlich mal ein Buch schreibe!

Von den Kindern kannst du es lernen

Je öfter du so tust als ob,
desto besser kennst du den Zustand,
den du erreichen willst.

Und je besser du ihn kennst,
desto eher wird er Wirklichkeit.

Du glaubst, das geht nicht?

Dann schau den Kindern beim Spielen zu.
Von ihnen kannst du es lernen.

Opfer-Täter-Psychodrama

Wenn du dich in der Opferhaltung befindest,
werden dir auch immer Täter begegnen.

Auch wenn du die Menschen verfluchst,
die dich belügen oder schlecht behandeln.
Sie tragen keine Schuld.

Wende dich stattdessen nach innen.
Schaue hin - erkenne - nimm an.

Öffne dein Herz.
Vor allem dir selbst gegenüber.

Lass die verdrängten Gefühle zu.
Es ist wichtig, dass sie rauskommen dürfen.
Alles darf sein.

Es beginnt bei dir.
Auch wenn alles andere manchmal leichter erscheint.

Menschenmagnet

Die Menschen mit der größten Anziehungskraft sind die, die einfach nur da sind. Sie strahlen mit dem, was in ihnen steckt. Ohne dass sie versuchen, etwas sein zu wollen. Während sie Komplimente erhalten, versuchen andere, welche zu erhaschen.

Manche Menschen leisten, um anerkannt zu werden. Manche denken, sie seien nur gut genug, wenn sie sich verändern. Mancher versucht immer der Beste zu sein. Manche wollen keine Fehler machen, um perfekt zu wirken. Manche sind immer lieb und machen, was andere von ihnen erwarten.

Überprüfe selbst für dich, wo du gerade stehst:
Was tust du, um dein Sein zu nähren?
Was tust du, damit dein Ego wächst?

Es ist ganz egal, wie viel Geld du hast,
wie groß oder klein du dich fühlst,
wie anerkannt du bist,
welchen Job du hast,
wie lieb dich andere finden oder
wie perfekt du bist.
Es ist alles ganz egal.

Auch du kannst HEUTE anfangen.

Tue täglich etwas, was dir Freude bereitet.
Auch wenn es dir gerade total schlecht geht.
Ja - gerade dann!

Der inneren Freude folgt Anziehungskraft.
Du kannst es gar nicht verhindern.
Du wirst zu einem Menschenmagnet.

Nur HEUTE ist wichtig.

Ich lasse los

Was bedeutet es für mich, wenn ich sage „ich lasse los“? Es ist gar nicht so einfach, dieses Gefühl zu beschreiben. Aber ich versuche es mal.

Ganz pauschal:
Ich akzeptiere, dass es so ist, wie es ist.

Da das Loslassen meist mit anderen Menschen zu tun hat, denke ich den Ansatz weiter. Ich gebe dem Anderen die Freiheit und die Möglichkeit zu leben, so wie er ist.

Das bedeutet:
Ich gehe meinen Weg.
Der andere geht seinen Weg.

Weder im Groll, noch im Hass, sondern mit der Akzeptanz, dass es so gut ist wie es ist. Alle Menschen entwickeln sich. Nicht im selben Tempo, nicht in dieselbe Richtung. Und es ist ok so. Was nicht passt, muss nicht zwanghaft passend gemacht werden. Jeder hat die Freiheit, seinen Weg so zu gestalten, wie er es gerne möchte.

Solange man den Weg so gestaltet, wie andere wollen, dass man ihn gehen soll, hat man zwar wenig Feinde, aber sitzt manchmal in Neurosen oder Abhängigkeiten fest, die einem nicht gut tun. Das gilt sowohl für Eltern als auch für Kinder, in Beziehungen, Freundschaften oder auch auf Arbeitsstellen.

Loslassen macht frei.
Festhalten wollen macht krank.

Der Weg dorthin, dass man das alles so fühlen kann: Ich würde lügen, wenn ich sage, dass es einfach ist. Manchmal dauert es halt seine Zeit, bis das eigene Wissen ins Fühlen übergeht. Und ja, auf dem Weg dürfen auch Tränen geweint werden. Alles darf sein. Gefühle zeigen erlaubt ...

Vom Tun

Viele Menschen haben ständig das Gefühl etwas tun zu müssen, damit sie so sind, wie sein wollen. Sie gehen auf Seminare, „räumen“ ihre Vergangenheit auf, gehen zielgerichtet durchs Leben und sind ständig unterwegs. Keine Zeit zum Ausruhen oder Genießen, sie müssen ja etwas tun. Sie arbeiten. An sich, an anderen, an wem auch immer.

Und dann?

Wenn sie genug gearbeitet haben, kommt irgendwann, wie bei mir auch, der Zeitpunkt, wo sie sich fragen: Und wann bin ich endlich da? Sie stellen fest, dass sie nirgends hin müssen. Die Liebe zu sich selbst ist das, was sie dahin führt, wo sie sein wollen.

Ins Jetzt.
Ins Heute.
Ins Leben.

Wann gibst du dir die Erlaubnis zu SEIN?

Ein Gebet für dich

„Möge die göttliche, heilende Kraft durch mich fließen, mich reinigen, stärken und heilen, mich erfüllen mit Liebe, wärmender Heilung und Licht, mich schützen und führen auf meinem Weg. Ich danke von Herzen dafür, dass dies geschieht.“

Sich einer höheren Macht anzuvertrauen, kann sehr hilfreich sein. Gerade für Menschen, die immer an allem arbeiten wollen, alles beleuchten und überall nach Lösungen suchen, kann ein Gebet genau das bewirken, was sie erreichen wollen. Oder was glaubst du, wo das Wort „Gottvertrauen“ herkommt?

Mit diesem Gebet wünsche ich dir, dass du das Vertrauen in deinen Weg findest und die Liebe, die in dir steckt, wahrnehmen kannst.

Danke, dass du mich in diesem Buch ein Stück meines Lebens begleitet hast. Ich hoffe, ich konnte dir aus meinem Leben etwas erzählen, was auch in deinem Leben hilfreich ist.

Persönliche Schlussworte

Letztes Jahr im Sommer machte ich einer vertrauten Person eine Ansage: „Ich habe ein klares Ziel. Nächstes Jahr im März zu meinem 40. Geburtstag werde ich mich selbst heiraten! Ich werde JA zu mir sagen." Daraufhin begann ich abzunehmen. Es gingen auch 16 Kilo runter. Ich bewegte mich mehr, ging regelmäßig schwimmen, doch dann stockte es plötzlich. Das Gegenteil zeigte sich: Ich nahm wieder ein paar Kilo zu. Na super!

Parallel machte ich aber noch etwas. Ich bewegte mich nicht nur körperlich, sondern auch geistig. Ich ging weiterhin zu meinem Lieblingscoach, las viel, meditierte, besuchte Seminare zur Persönlichkeitsentwicklung und dann kam irgendwann der Tag. Der besagte. Nämlich HEUTE.

Es sind noch genau 18 Tage bis zu meinem Geburtstag, an dem ich aus dem Herzen heraus sagen kann: Sich selbst heiraten zu können bedarf keiner Gewichtsreduktion! Wenn ich JA zu mir sage, dann sage ich JA zu dem, was ich bin. Und nicht JA zu dem, was ich sein will. Ich akzeptiere, dass alles so ist wie es ist. Ich habe mir mein Leben selbst so erschaffen wie es jetzt ist. Und ich werde auch weiterhin Schöpfer meines Lebens sein. Ich entscheide, was gut für mich ist, und wenn ich trotzdem Dinge tue, dir mir nicht gut tun, dann übernehme ich auch dafür die Verantwortung.

Ich habe in den letzten Monaten die Gewissheit erlangt, dass ich mir vertrauen kann. Das Vertrauen breitet sich in einem Körperteil in mir aus: Und zwar mit viel Wärme in meinem Bauch. Bisher habe ich meinen Bauch immer verflucht, aber da ich nun dieses Vertrauen dort spüre, kann ich gar nichts anderes sagen als: Ich liebe meinen Bauch.

Mir laufen gerade Tränen meine Wangen runter, denn der Prozess, genau das fühlen zu können, hat mich viel Kraft gekostet. Mein Herz ist in diesem Moment ganz weit geöffnet und ich wünschte, du könntest gerade sehen, wie aus meinen Tränen kleine Glücksperlchen werden.

Achso: Ich habe übrigens beschlossen, mich trotz meines Übergewichts zu heiraten. Es dauert nicht mehr lange, deshalb muss ich jetzt fort …

… Trauzeugen suchen.

Alles Liebe
Kerstin

Über die Autorin

Kerstin Werner wurde 1973 in der wunderschönen Eifel geboren, wo sie auch heute lebt und arbeitet.

Durch zahlreiche Seminare zur Persönlichkeitsentwicklung und einer Ausbildung zum NLP-Coach konnte sie viele Erfahrungen sammeln, die in ihren Büchern Ausdruck finden.

Kreativität, Inspiration und Humor sind ihre größten Stärken. Sie liebt nicht nur das Schreiben, sondern ebenso das Fotografieren.

www.kerstin-werner.de

Über die Illustratorin

Ulrike Hirsch, Künstlerin mit Leib und Seele, fertigt mit Liebe und Hingabe Auftragsmalereien an, illustriert Bücher für Groß und Klein, ist Grafik-Designerin mit Herz und auch leidenschaftliche Musikerin.

Außerdem begleitet sie Menschen in ihren Workshops und Einzelarbeiten bei dem von ihr entwickelten heilsamen Intuitiven Malen.

www.ulrike-hirsch.de

Bislang von Kerstin Werner erschienen:

Berührende Kurzgeschichten:

- Gefühle zeigen erlaubt
- Vertrauen ist der Schlüssel
- Dein Herz darf leuchten
- Echt sein ist in
- Best of: Mach dein Leben bunt

Herz- und augenöffnende Ratgeber:

- Freiheit, ich komme!
- Wach auf – Dein Leben wartet
- So ist das also! Die Herzenssprache verstehen
- Hab Mut zur Lebensfreude

Kinderbücher:

- Friedolin: Weißt du, wie wertvoll du bist?
- Friedolin: Sind deine Gefühle deine Freunde?
- Friedolin: Was machst du mit deiner Angst?

Leserstimmen:

Kurz und präzise auf den Punkt gebracht. Mal was ganz anderes als die anderen Lebenshilfebücher. Ich konnte und kann sie nicht mehr aus der Hand legen, bin begeistert - sie helfen mir unterstützend zu meiner derzeitigen Therapie. Die kurzen Geschichten sind ergreifend und machen Mut.

- *Birgit Hellmich* -

In einer für mich schweren Zeit habe ich durch die Bücher von Kerstin Werner neue Wege gefunden. Ich kann sie jedem empfehlen. In vielen Geschichten habe ich mich erkannt und viele Tränen beim Lesen laufen lassen. Jetzt kann ich vieles aus einem anderen Blickwinkel sehen und fühlen. „Gefühle zeigen erlaubt" sage ich mir nun täglich und lebe es. Die Bücher gehören zu meinen täglichen Begleitern. Vielen Dank liebe Kerstin für diese Bücher, die mein Leben und Tun verändern.

- *Katrin Usdau* –

Ich habe alle Bücher von Kerstin Werner gelesen und möchte ihre kleinen Lebensweisheiten, die sie auf ihre ganz eigene, so äußerst liebenswerte Schreibweise dem Leser näher zu bringen weiß, nie mehr missen.

- *Ilona Scholl* –

Kerstin Werners Bücher muss man einfach gelesen haben. Sie ist ein Mensch, der frei von der Leber weg schreibt. Ehrlich, herzlich und für jedermann verständlich. Sie nimmt kein Blatt vor den Mund, sondern schreibt genauso, wie es aus ihr heraus sprudelt. Das macht sie unheimlich sympathisch. Jeder, der ihre Bücher liest, verändert sein Leben positiv – automatisch. Für mich persönlich waren sie bereichernd, weil ich mich mit allem identifizieren und deshalb den Inhalt nachvollziehen konnte. Dadurch wurde ich wesentlich freier. Danke dafür.

- *Erika Auberger* -

Wissend, persönlich, anrührend, ermutigend, klar verständlich sind nur wenige Worte, die umschreiben was diese Bücher auszeichnet. Sie holen dich da ab, wo du gerade stehst und begleiten dich dann auf deinem weiteren Weg. Einfach so und werden beste Freunde. Kerstin ist mit ihren Büchern mitten im manchmal schwierigen Leben präsent und fungiert für mich oft als Wegweiser. Danke, ohne dich wäre vieles viel schwieriger.

- *Angela Hrdina* -

Die Würze liegt in der Kürze. Die Themen von Kerstin Werners Geschichten erfüllen mich immer wieder mit guten Gedanken. Sie zeigen mir, dass ich mit meinen Themen nicht alleine bin in der Welt. Sie führen mich raus aus meinen oft destruktiven Gedanken. Ich lese sie gerne, habe auch schon einige verschenkt. Absolute Empfehlung.

- *Pia Maria Schüffelgen* -

Kerstin Werner schreibt gut verständlich, und trifft mit jeder einzelnen ihrer Geschichten mitten ins Herz ihrer Leser! Sie begleitet uns liebevoll auf einem Weg, der uns mit uns selbst und unseren versteckten Gefühlen konfrontiert. Es darf gelacht, und geweint werden! Letztendlich darf alles in Liebe gehen, was uns so lang belastet und behindert hat! Ich kann nur von mir selbst berichten: Jede Geschichte ist ein Aha-Erlebnis!

- *Viola Rest* -

Kerstins Bücher sind nicht einfach nur Bücher. Sie sind ein Erlebnis. Da sie in einem einfachen und erfrischenden Stil geschrieben sind, fühlt sich der Leser direkt angesprochen und einbezogen. Geschichten aus dem Leben für das Leben.

- *Manuela Reiffers* -

26076081R00070

Printed in Poland
by Amazon Fulfillment
Poland Sp. z o.o., Wrocław